투명한 시

명미령 시집

투명한 시

도서출판 디자인21

프롤로그

나의 시들은 이상할 만큼 빛을 잃어 있다.
초저녁, 어둠이 어스름히 자리를 잡기 시작하는 시간부터
한밤을 지나
아침이 오기 직전, 가장 옅어지는 어둠까지.
내 시들은 늘 그 사이 어딘가에 머문다.

행복의 밝은 이미지보다
어둠과 고독의 얼굴이
내 어줍잖은 감성에는
더 쉽게 그려진다는 사실을 부정할 수 없다.

변명처럼 들릴지 모르지만
그동안의 나는
아름다움을 마주하는 순간마다
생각을 잃었다.
그 찰나에 넋을 빼앗긴 채
깊이 가라앉을 틈도 없이
그저 온전히 만끽하는 데에만 몰두했다.

그래서일까.
나의 시집을 이루는 전반의 모티브는
이토록 깊은 고뇌 속에
잠겨 있는 것만 같다.

장난처럼,
내 인생의 작은 트로피처럼 만들어졌던
첫 시집을
이제 와 돌아보면 부끄러움이 앞선다.
참회하고, 만회하고 싶은 마음이
조용히 고개를 든다.

그래서
설레는 첫인사 이후의 나는
이제 시작의 소명을 다하려 한다.
시작은 상처였을지라도
끝내는 빛을 향해 나아가도록.

이 시집은
그 다짐의 기록이다.

차례

Part 3 인간관계의 굴레와 그리움 / 79

Part 4 멈춤과 돌아봄의 시간 / 105

Part 5 치유와 비움으로 나아가는 길 / 129

Part 1

무너진 균형과 내면의 소음

부적응

달이 차고
해가 바뀌는 일처럼
그 자연스러운 것마저
내게는
한없이 잔인하고
혹독하기만 했다.

나는
녹슨 철문처럼 좀처럼 열리지 않고
바퀴 빠진 굴렁쇠처럼
더는 굴러가지 못한다.

노력이 부족했을까
천만에
늘 숨은 턱까지 차오르고
뜨거운 눈물로
옷소매를 적시곤 했다.

그럼에도
세상은 나를 외면한 채
저만치서
더 빠른 걸음을 재촉한다.

무감정

콘크리트 벽 속에 갇혀
아스팔트 바닥에 묻혀
오래도록
봉인되듯,
매장되듯
살아온 나.

빛을 잃고,
소리를 잃고,
온기를 잃었다.

처음엔 분명
갑갑함에 분노하고
뛰쳐나오려 몸부림쳤던
그 감정들,
나는 어디에 태워버렸을까.

이제는
남은 재도 흩어지고
가슴 한가운데
커다란 구멍 하나만
남아 있다.

번 아웃

텅, 텅
스트레스로
화를 누를 수 없을 때

나는 손바닥으로
머리통이 부서질 듯
몇 차례 나를 때린다.

내 귀에 들리는 소리
비어버린 머리의 소리

그 소리는
여운이 길어
오랜 시간
나를 억누르고

그럴 때면
책 속 글자들이
내 눈 속에
차분히 안착하는 법이 없다

달궈진 팬 위에서
팝콘이 튀듯
그렇게 사방으로 흩어진다.

그래, 이런 일
무쇠같이 강한 사람도
속은 여릴 수 있듯
그럴 수 있지

그동안
내가 많이 지쳤잖아
그 흔한 다독거림

나는 방 한구석
벗어 던진 옷 모양으로
한동안 그렇게
쭈그려져 있었다.

불공정

사람들의 값어치를
돈으로 환산하는 순간

사람이 아니라
몸값이 되었고
능력은
과시용 인증서로
치환되었다

누군가의 1초가
누군가의 1년이 되고
또 다른 누군가의
10년과 맞먹는

괴리의
가혹한 명세서

그 안에서
어쩔 수 없다는 말로
포기를 배우고
당연함에 길들여지는 동안

세상은
기울고
또 기울어

이제는
수선조차 어려운
불공정이 되었다

가짜뉴스

너는
세상에서
가장 먹음직스런 미끼

눈부신 빛깔
현란한 몸짓
빛을 흘리며
살랑살랑

나는
너에게 걸려든
우둔한 물고기

너는
떠도는 흉흉한 괴담처럼
사람의 살을
베어내는
거짓말

잔인한 낚시터
질긴 낚시 줄

너는
그것밖에 안 되는
진실

벽

내가 준 상처는
부메랑이 되어
언젠가 다시 내게 돌아오는 법.

그러니 소리를 지르지 마세요.
꽉 막힌 벽 앞에서는
절대 소리를 지르지 마세요.

내가 던진 소리는
벽에 닿기도 전에
수천 개의 파편이 되어 흩어지고,

그 잔인한
소리의 파편들이
굉음을 터뜨리며
되레 내 귀를 물어뜯으려
돌아올 테니.

그러니
꽉 막힌 벽 앞에서는
단 한 번도 소리를
지르지 마세요.

모순

가감 없이
나를 보여 주면
좋은 친구가 되거나
나만 모르는
풍문이 된다

솔직함도
때로는
나를 해하는 순간이 오고

거짓은
늘
암울한 끝이 있다

그 선택의 모순
창과 방패 사이
어디쯤에
답은 숨어 있을까

그것은
정답이 없는 문제처럼
끝내 풀리지 않은 채
같이 산다

고장 난 나침반

무빙워크
에스컬레이터
어디에도
몸을 온전히 맡긴 채
의존하는 이는 없다

걷고 뛰고
초를 다투며 사는 듯
목적지가 분명하고
삶의 방향을
정확히 아는 얼굴들

역 출입구에 붙은
미귀가자 전단지
흑백 사진 속 얼굴이
문득 내 모습 같다

역을 나서자
사방에 늘어진 풍광이
너무나 생소해
눈이 현혹된 듯
머릿속이 어지럽다

나는
고장 난 나침반

나는 지금
어디로 가고 있었을까

불신

세상의 바닥은
누구에게나 같다
평평하고 차갑다

그래서
그 밑도
공평하다고
자신 할 수 있는가

빛난다는 이유로
둥글다는 이유로
닮았다고 부르지만

달은
끝내
해가 되지 못한다

세상은
하나를 들이밀고
전체를 설명하려 든다

우리는
그 설명 속에서
얼마나 더
의심을 연습해야
살아남을 수 있는가

도망자

현대인은
모두가
스트레스에서 달아나는 도망자들.

자극은 피해야 한다며
조금 더 쉽게,
조금 더 단순하게,
이미 짜놓은 루틴 속으로
스스로를 밀어 넣는다.

마치
뇌를 다림질하듯
생각을 평평하게 눌러 펴고,

가슴만 채우면 된다는 듯
도망자는
오늘도
아무 일 없는 듯
여유로이 걸음을 늦춘다.

그러나
그 느긋함조차
사실은
또 다른 도망이다.

인재人災

나무를 보지 말고
숲을 보라 했던가.

그들은
그 말의 깊은 속뜻을
끝내 알지 못했다.
그저 쓱— 훑어볼 뿐.

숲 아래의 지질,
숲 속의 작은 생태까지
모두 살펴야 한다는 사실을
정말,
몰랐을까.

숲을 등한시하면
틈새마다
꼼수들이 파리처럼 끼어들고,

꼼수란 괴물은
은근히 살을 파고들어
마침내
그들의 눈을 감기게 한다.

그러면
거대한 건물도,
웅장한 다리도
한순간에
무너져 내린다.

타락천사

잠시만 눈을 감아.
어려운 일도 아니잖아.
그냥 못 본 척 지나쳐.
너와 상관없는 일이잖아.

관심 가질 필요 없어.
넌 아무 책임도 없잖아.
알지?
안 보면 깨끗해지는 법이잖아.

네 기억에서 지워버려.
그냥 무시해,
평소처럼.

그렇게,
그렇게,
악마의 속삭임에
슬며시 젖어드는
사람들.

생각해야 해.
깨어나야 해.
벗어나야만 해.
진정 네가 원하는 건
그게 아니잖아.

악몽

눈만 감으면
수만 갈래의 어둠 속으로
내던져진다.

그 많은 꿈들 사이에서
굳이 표식을 남기지 않아도
언제든 찾아오는
하교 길의 그 어린 소나무.

어른 키나 될까 말까,
종아리처럼 가느다랐던 그 소나무,
그 꼭대기에 또아리 튼 독사 한 마리.

야구방망이를 들고
담력을 겨루던 사내아이들 사이에
나도 있었다.
지기 싫다는 마음 하나로.

하나, 둘, 셋, 넷, 다섯—
방망이로 소나무를 칠 때마다
어린 소나무는 심하게 흔들렸고
독사는 혀를 날름대며
내 얼굴 위로 떨어지고,

아~~~~
나는 또다시
비명을 지르며 깨어난다.

두려움

나의 두려움은
생애 주기처럼
그때그때 생겨났다.
그리고, 반드시 사라졌다.

마치 소모품처럼
쓰고 버려지기를
반복해 온 것이다.

어린 날,
사다리와 구름다리,
고소 공포처럼
올라가는 공간에 머물던
단순한 두려움이

나이를 먹으며
새록새록 파고들어
일깨워 준 것은
인간관계가 남기는 두려움 —

만남 속 잦은 마찰,
배신이 주는 절망,
버려지는 일,
잊혀지는 일.

그 한가운데서
오늘도
나는 나 자신을
수없이 채찍질한다.

쓰레기 더미

쓰레기가 쌓인다.

늘어만 가는
택배 종이박스, 스티로폼,
생수 병, 과자 봉지,
오일 병, 양념 통,
샴푸 병과 세제 병들.

내가 뭐라고—
하루하루
내 삶을 유지하겠다며
이렇게 많은 것들을
쏟아냈던가.

그렇게 한참을
나는 주저앉았다.
쓸쓸한 허무함에 짓눌러

그러자
쓰레기 더미 틈에서
'삶의 의미'라는 단어 하나가
조용히 걸어 나와
나에게 말을 건넨다.

고립

이 자리는
네게 가당치도 않아.

비켜.
저만치 쭈그려 앉아 있어.

그렇게
그렇게
밀려나와

이제 와
아무도 없는
작은 섬 하나에
겨우 자리를 틀었다.

CCTV

네 눈은
늘 세심하고
한 치 오차도 없다

내 걸음 하나
숨결 하나까지
흘려보내지 않는
단단한 방패

어디를 가든
네가 지켜준다는 생각에
두려움은
조용히 사라진다

하지만 이상하지
누군가는
네 눈을 두려워하고
네 시선을 피해
사각지대만을 찾아 헤맨다

같은 풍경도
누군가에겐 안심이,
또 다른 이에겐 경계가 된다

이렇게
똑같이 비추는 눈앞에서조차
우리는 서로 다른 마음을
가지고 산다

그 다름 때문에
세상은 매번
이토록 힘겨운 것이겠지

충격

어느 날
출근길에 문득
눈에 들어온 것은
길바닥을 뒤덮은 노란 은행잎들.
그 순간,
나는 한 대 얻어맞은 듯 멈춰 섰다.

수년 동안
똑같은 길을 걸어왔건만
잠에서 막 깨어난 사람처럼
매해 이 계절을 건너왔으면서도
단 한 번도 이 노란빛을
제대로 본 적이 없었다니.
기억의 서랍 어디에도
그 흔적이 남아 있지 않았다.

아!
나는 얼마나 오랫동안
몽유병자처럼
눈을 뜬 채
정신없이
흘러가듯 살아온 것인가.

고개를 들자
저 먼 길 끝까지
은행나무들이
한 줄로 길게 늘어 서 있었다.
다부지고,
윤이 나는 모습으로

그제야 깨달았다.
그동안의 나는,
빛을 잃고
스스로를 잊은 채
살아왔었다는 것을.

싱크홀

어린 시절엔
하얀 도화지처럼
눈으로 온전히 덮인 풍경을 만나면
그야말로
수지맞은 기분이었지

그 위에 발자국을 찍고
꽃송이를 피우고
대자로 누워 몸 도장 찍고
하늘을 올려다보는 여유
재미는 늘
눈처럼 쌓였고

하지만
지금은 어떤가

눈으로 덮인 길 앞에서
불안이 먼저 말을 건다
누구보다 앞서 걷는 일은
모험이지
이젠
놀이가 아니다

하얀 눈 아래를
투시할 수 없기에
그 아래는
의심이 되어
상상의 나래를 편다

발자국 하나에
깊은 아래로
꺼져버리는 상상
그 엉뚱함이
너무도 자연스러워진 지금이
참으로
개탄스럽다

가짜

도금된 보석이
언제나 더 반짝이듯
감추는 사람들 곁이
유난히 빛나 보인다.

그래서
필요하다
가짜를 가려내는 눈

세상에서 만나는
무수한 얼굴들 사이
진심을 선별하는
감별사가 되어야 한다.

가짜는
내 삶을
한순간에
지옥으로 바꿀 수 있으므로

사고

순간이었다
찰라였다

그것의
간악한 사주
소름 돋는 주문에
휩쓸린 영혼

그토록
허망한 죽음에
책임질 자는
누구인가

매일 새벽의 기도와
잠들기 전
회계를 한들
피할 수 없는 운명처럼

그렇게
한 시절 앞서
그것은
이미
기다리고 있었다.

후유증

너무 성급했다
차분하게 참지 못하고
벗어나려 했던
그 조급함

너무 무모했다
작은 종기 하나도
염증을 긁어내고 나면
새 살이 차 오르기까지
긴 시간이 필요하다는 걸

우매한 자신감으로
어줍잖은 결기 하나로
겁도 없이 덤볐다

참으로
어리석었다.

상심

세상에 넘치는
경이와 아름다움은
끝내 내 것이 아니다

나는
눈을 피해 숨은
버려진 감정들만을 보고
절망이 내쉬는
숨소리를 듣는다

석가모니의 번뇌를 닮은
이 지독한 고통은
나를 피해 가지 않고

나는
속속들이 파고들어
근심의 바닥에서
아파한다

위험을 피해

딥 페이크
지인능멸
도처에 널린 위험

반가운 전화
기다리던 문자

모든 것에
거절하는 지혜

이 시대의
교란종들이
기하급수적으로 자라
심어놓은
어둠의 공식

나는
사소한 토핑처럼
그들의 시선을 피해
살아남는 법을 익힌다

상실의 시대

가학적 통치
소수만을 위한 정치
모멸을 설교하는 종교

인류애는
저만치 내 던져지고

얻는것 보다
더 많은 것들을
잃어 가는 시대

다시
정글로 되돌아 가려는
폭력의 본능

짓밟힌 자들이
숨을 곳을 찾아
파고 드는 동굴 안
서서히 소멸하는
공기처럼

시대는
없다

Part 2

쓸쓸한
풍경 속의 독백

투명한 시

나는 난해한 시를 싫어한다.
차갑게 얼리고 또 얼리고,
철학의 틀에 비틀어 넣었다가
다시 비트는 일을 반복해
끝내 '숙성'이라는 이름으로 내놓는
그런 시를 싫어한다.

시의 맥락을 감으로 짚으라 하고,
꿈보다 해몽이 더 많아
평가가 먼저 태어나는
그런 시를 싫어한다.

나는 투명한 시가 좋다.
속이 훤히 들여다보이는 시.
글자만 알면
초안이나 주제쯤은
누구라도 알아볼 수 있는,
그런 시가 참 좋다.

그래서일까.
내 시가
이토록 읽기 쉬운 것도
어쩌면 당연한 일인지 모른다.

쓸쓸함에 대하여

타인들을 피해
조용히
숨어드는 사람들

그것은
언제부터였을까
한 세기를 휘몰아친
전염병의 흔적 때문일까
아니면
스스로를 격리하며
외로움을 선택한 탓일까

어느새
거리 곳곳에 늘어난
무인 간판들이
그렇게도 쓸쓸하게 느껴지는 건

아마도
사람의 온기마저
눈처럼 녹여 버리는
이 계절의
메마름과 차가움 때문이리라

한숨

젊은 날의 나는
달변가, 이야기꾼이었다.

사람들은
내 말 한 토막을 더 듣기 위해
늘 내 곁으로 몰려들었다.

준비한 적도,
특별히 다듬은 적도 없었는데
내 말들은 언제나
정갈하고 흥미로워
그 자체로 완성된 대본 같았다.

하지만 세월은
반짝이던 두뇌와
버터를 바른 듯한 언어를
서서히 굳혀 버렸다.

머릿속에서는
어떤 이야기들도 조합되지 않고
단어들은 자꾸만 흩어져
대화 불능의 공백만 남긴다.

그 순간들이
실시간으로 나를 겁먹게 하고
내 심장에 얼음처럼 스민다.

내 나이 오십.
이 숫자는
잔인한 쇠사슬이 되어
오늘도
긴 한숨 하나를
내 가슴에서 길어 올린다.

그 겨울의 광장

그 겨울,
광장에 모여든 수많은 사람들.
어디에서 왔는지,
무엇을 하는 누구인지조차 중요하지 않았다.

그 순간 우리를 묶은 건
정의에 대한 단 하나의 확신,
서로를 동지라 믿는 마음뿐이었다.
그래서 우리는
누가 먼저랄 것도 없이
조심스레 내민 손을 붙잡았다.

오래도록 맞선 추위는
머리칼과 눈썹 위에
서리가 되어 사르르 내려앉았지만,
그들의 눈빛만은
눈부신 온기로 타오르고 있었기에,
얼어붙은 손을
서로서로 나누어 잡았다.

그 순간,
식어가던 혈관 속에
다시 뜨거운 피가 돌아
심장이 힘차게 고동쳤다.

그 겨울,
광장은 차가운 바람도 뚫지 못하는
방탄의 인간 띠로 빛나고 있었다.

오십 줄에 서면

이 나이,
오십 줄에 서면
사람들은 자꾸만
걸음을 주춤한다.

이따금씩 지친 허리를 곧추세우면
잠들었던 신경들이 깨어나
혼탁하던 시야가 밝아지고,
마침내
보이지 않던 세상이
한꺼번에 쏟아져 들어온다.

그제야 깨닫게 되겠지.
경주마에게 허락된 시야만큼
얕고 좁은 눈으로
그동안 길바닥만 훑으며
살아왔다는 것을.

젊은 날엔
확신이라는 갑옷에 갇혀
뒤를 돌아 볼 겨를도 없었지만,
이제야 안다.

그 모든 결기가
부질없었다는 것을.

그리고 묻게 된다.
그럼에도
내세울 서사 한 줄
없는 삶을 살아온 것이 아닌가.

두렵다.
내 자유의 시간도,
내가 숨 쉴 공간도
없어지고 있다는 사실이.

여름엔

여름엔
나는 도시가 싫다

푹푹 찌는 찜통 속
거리를 나서면
잔뜩 인상을 쓴
짜증 섞인 시선들
옷깃만 스쳐도
눈을 흘겨대는 곳

귀를 울리는 경적 소리가
서로 먼저 악을 쓰고
끝없이 뻗은 아스팔트엔
고무 타는 냄새가
열처럼 스며있다

만원 버스 안
지린 땀 냄새와
독한 화장품 냄새가
뒤엉켜 눅진해지고

갓 자란 건물 벽의 페인트
골목 깊숙이 쳐 박힌 쓰레기 더미
구더기가 꿈틀대고
파리 떼가
검은 구름처럼 부화하는 곳

하루하루 다른 얼굴로
모든 것을 불쾌하게 만드는
썩어가는 이 도시가
나는 싫다

열병

그의 마음은
아직 말랑한 시간에 닿아 있었고
나는 그 온기에
아무 의심도 없이 손을 넣었다

갓 태어난 것처럼
흰 미소를 가진 사람
그를 좋아한다는 이유만으로
하루는 쉽게만 건너갔다

그의 품은 넓어
나는 늘 안쪽으로 밀려났고
따뜻함은
언제나 나를 향해 열려 있는 것처럼 보였다

그래서 한동안
나의 이름은
그를 통해 불렸고
나의 의미는
그의 숨결에 기대어 있었다

나는 기다리는 법을 배웠고
기다림을 사랑이라 착각했다
열이 난다는 것도 모른 채
가슴 한쪽을 오래 붙잡고 살았다

혼자인 줄 알면서도
그가 이 세상 어딘가에 있다는 사실 하나로
그 시절의 나는
충분히 아팠고
충분히 행복했다

벚꽃이 필 때까지

푸른 초원에서 놀던
아기 양들이
은은히 스며드는
목동의 목가에
하얀 깃을 세우며 웃는다.

그 목가는
한순간에 모이게 하고
낱낱이 흩어지게도 하는
승자만이 가진
조용한 위엄

아,
도미노처럼
하나가 쓰러지면
여기저기서 열린다.
함박만한 외침
아주 작은 떨림

그 향기가
나를 일으킨다.

아,
벚꽃이 필 때까지
멈추지 않을
은은한 목가

그것은 여유를 먹고 사는
망각의 봄을
데려온다.

비 오는 창가

임 떠난 그날은
하루 종일 비가 내렸다.

잠시의 그침도 없이
주룩 주룩 주루룩
그렇게 슬피도 울었다.

창가에 서서 핀 나는
무심히 떠난
임의 발자국을
슬픈 빗줄기가 말끔히
지워 버릴 때까지
한참을 바라만 보고 있었다.

이미 행 길에는 인적이 끊기고
오가는 이는 없건만
난 저 멀리 어디쯤
빗속으로 흐려지는
임의 뒷모습을 바라본다.

오늘은 하루 종일
내 가슴 속에 비가 내렸다
주룩 주룩 주루룩 ―
그렇게 슬피도 울었다.

혼자 맞는 크리스마스

혼자 맞는
크리스마스

오르골 속 풍경은
눈 내리는 작은 마을
산타가 썰매를 끈다

나는 말없이
태엽을 감는다.

오르골에 담긴 시간
그 무수한 시간들을
태엽에 걸어
감고 또 감아

기도하는 마음으로
손을 놓으면

귀를 울리는 캐롤이
작은 방 안 가득
천천히
크리스마스로
차오른다.

빗물

눈물이라는
비탄의 언어를
언젠가부터
사용해 오는 존재

맑은 창을 노크하며
조용히 떨어지는 존재

내 살며시 쥔 두 손에 가득
담아내는
그렇게
맑은 이름

비가悲歌

외톨박이가 시를 쓴다고
고독한 이가 시를 쓴다고
우울한 이가 시를 쓴다고
잠 못 드는 이가 시를 쓴다고
아프고
슬픈 이가 시를 쓴다고
그렇게
소외된 이가 시를 쓴다고

그렇다고
모두가 오인하고 있다
이 많은 시들을 —

그저 눈물이나
자아내는
비가에 불과하다고

소설가는 만들어져도
시인은 태어나는 것
나는 알고 있다
사랑함으로

수심愁心

수심이 깊을수록
빛을 잃어
어두워지는 바다처럼

네 얼굴이
하루하루
빛을 잃어간다

네 낯빛이
알려 주는
내면의 고뇌와 근심
숨길 수 없는
그 수심

그래서
하루하루
화장은
짙어 진다

저녁 풍경

그 옛날
멀리서 피어오르던
굴뚝의 연기 하나가

저녁 밥상 차리고
기다리던 울 엄마의
어서 오라
흔드는 손짓 같았다

대문을 열고
집 안으로 들어서면
갓 지은 밥 냄새
보글거리는 찌개의 김이

코를 지나
몸 속 깊이 스며들어
시장기는
목구멍까지 차올랐고

엄마가 퍼주는
고봉밥 한 그릇
말없이

순식간에
비워내던

그때의
따뜻한 풍경

나와 나의 밤

슬픔은
나를 지배하고
나의 밤마저
지배해 버렸다.

내가 슬픔의
소용돌이 속에서
길을 잃고
헤매이고 있을 때
밤은 먼저 울고 있었다.

어둠은
세상을 껴안고
겁에 질린 구름은
달의 얼굴을
삼켜 버렸다.

내가 눈물을 삼키고
고개를 들었을 때
별들은
어둠의 적막을 깨우기 위해
스스로 태우고 있었다.

슬픈 나
슬픈 나의 밤
슬픈 나
슬픈 나의 밤

우리는 아직
이 싸움을
끝내는 법을 모른다.

동지冬至

긴 긴 밤—
아랫목에
촘촘히
붙어 앉은 모양

마치
한 평 방에
둘러앉은 듯
따뜻함 찾는
노련함

팥죽 한 술
가득
입에 넣으면
웃음 번지고

짧은
낮 동안의
그
긴 이야기를
왁자지껄
풀어 놓는다

고요

모두
잠든 시간

고요할수록
커지는 시계의
초침 소리는

깨어 있는
내 심장 박동과
발을 맞춰
걸어 간다

아침이
타인들을 깨워
세상의 소음을
데려 올 때까지

홀로
고뇌하는
내 옆을
그렇게
지켜준다

Part 3

인간관계의 굴레와 그리움

이끌림

어느 순간
예고 없이
다가오는 것

그것은
손을 내밀고
미소 짓는 얼굴로
내 발 밑에 숨어 있다

한번 발을 들이면
돌아 나오는 길은
이미 지워지고

빠져 나오려
발버둥 칠수록
땅은 늪이 되어
점점 더 깊숙히
몸을 끌어 당긴다

덫에 걸려
늪에 빠져 본 자만이
두려움의 무게를 배운다

그래서
언제 어디서든
그 이름 없는 신호를 만나면
나는
한 걸음 멈춰
경계를 세운다

사랑의 유통기한

어린 시절,
교실 한쪽에서 불붙던 오래된 화두.
사랑의 유통기한은 얼마일까?

몇 달, 혹은 몇 해라며
이유도 근거도 뒤섞어
하나같이 어른 흉내 내던 아이들.

정작 사랑이 무엇인지도 모르는
해맑은 얼굴로 조잘거리던
그 풍경 속에서
나는 혼자 조용히 웃었다.

'너희들은 모른다.
내 사랑은, 끝이 없을 거라고.'

그때의 나는
그 말이 얼마나 어린 다짐이었는지
얼마나 가벼운 영원인지
알지 못했다.

이제야 깨닫는다.
철없는 건 그들만이 아니었다는 걸,
그토록 믿었던 나 또한
참으로 어렸다는 걸.

상처

사람들은 말한다.
전기조차 없던
자연의 삶이 좋았다고,
원초적이었던 그 삶이
참으로 낭만적이었다고

텃밭을 가꿔
스스로 먹을 것을 마련하고,
아궁이에 불을 지펴 난방을 하고,
우물에서 물을 길어 올리고,
화딕에서 밥을 짓고,
밤이면
폐기름으로 만든 초 심지를 켜두는 일.

그 모든 것을
'로망'이라 부르며
언젠가 꼭 한번
경험해 보고 싶다 말한다.

하지만
그들은 알까.

누군가에게는 로망인 그 삶이
누군가에게는
지금도 벗어나고 싶은,
가난이 만든
지독한 굴레였다는 것을.

딸에게

엄마가
미안해.

주크박스처럼
동전 하나에 네가 원하는 노래를
금세 들려줄 수 있다면 좋으련만,

고장 난 가전제품처럼
몇 번은 두드려야 반응하고,

와이파이가 끊긴 인터넷처럼
생각만 머릿속을 빙빙 돌다
제때 꺼내지 못하는
그런 답답한 엄마라서
정말 미안해.

너는 메신저 알림처럼
실시간으로 나를 조여 오고
지금 당장이라도
달라지길 바라지만,
그런 순간마다
또 미안해진다.

친구 같은 엄마가 되겠다고
수없이 다짐했는데

정

어렵게 내민
그 손이
괜히 미안할까 싶어
한 꼭지쯤은
아낌없이 건네주고

돌아서는 등 뒤가
자꾸 마음에 걸려
결국 다시 불러
곱절로
더 챙겨준나.

욕심 한 줌 없어
세상은 호구라 부르지만
나는 사랑 한다
그 정이라는 이름을

피사체

분명한데
어째서 늘 모순적인가.

눈이 달라지면
시간이 달라지면
방향 하나만 바뀌어도
너는 언제나 다른 얼굴을 가진다.

그 수많은 얼굴이
과연 네 본질을 말해주는 걸까.

혼탁해진 시선,
지친 하루의 무게,
네가 보지 못하는 뒷면들.

빛은 너를 비추며
또 반사하고 굴절시키며
끝내 또 하나의 너를 만든다.

우주

우주
그것은 분열
시공을 초월한
불후의 진리

격렬한 두뇌의 파장 위에
세워진 일렬의 질서
해면에 줄을 긋듯
순리를 가장한 고뇌

숨 쉬는 행성 또한
억만 년을 삼켜 자란
신의 완벽한 가설
형이상학으로 풀어낸
무수한 공식의 합

그러나
화염과 탄화의 연기
질식한 인간의 구토

자유라 불린 방종
문명을 낳은
가장 원시적인 오류

다시,
우주—

오렌지 족

분명
마카오 신사였다

그에게선
한 방울의 땀 냄새도 나지 않는다.
대신
고급 향수
명품 가죽
갓 뽑아낸 백지 돈 냄새가 난다.

그는
흙을 밟고 걷지 않는다.
지상을
날아서 다닌다.

그는 한순간
매거진을 주름잡고
맘모니스트의 본능적 얼굴로
만면희색
따라지의 목숨을 비웃는다.

마치 자신들이
인생의 로열로드에 올랐다는
어리석은 착각 속에서
그렇게
그렇게
하나의
속된 이야기 거리가 되었다.

나의 눈

나를 향한
나의 눈은
인정에 매이지 않는다.
차갑고 단호하다

거울처럼
카메라 렌즈처럼
감정 따위는 실지 않는다.

그러나

타인을 향한
나의 눈은
관계에 얽매어 본다.
정감 있고 따뜻하다

그저 해부학적
개념 일뿐인
나의 눈

나는
그 사이에서
가끔은 혼란스럽다
어느 쪽이
진짜 나의 눈인지

제발

너는
지금 속고 있다

너의 뇌가
지금
너를 속이고 있다

스트레스란 이름으로
우울이란 이름으로
너를 세뇌 시켜
너를 철저히 지배하지

자극적인 맛을 찾게 하고
술이 술을 부르게 하며
위장을 병들게 하고
간을 무기력하게 하고
심장을 조여 온다.

너는
철저히
속고만 있다

너의 뇌 속에
숨어든 악마가
눈을 가리고
판단을 흐리게 하며
너를 서서히 죽이고 있다

제발
정신 좀 차려라

떠나고 싶다

이 계절
떠나고 싶다

인정의 시선이 닿지 않는 곳
내 영혼을
잠시
숨길 수 있는 곳을 찾아서

구속과 통제만이
서로에 대한
최대의 관심인 양
배려인 양 하는 세상은
자유를 향한
한 걸음까지도
모조리 박탈하고만 있는데

서로가 감시하고
조정하려드는
이 세상은
회의 속에서
마냥 눈물 빛을 짓지만

저렇게도
자유로운 바람은
어디로 가는지

내 방황하는 육신은
그저 떠나고 싶은
까닭 하나로

바람 편에
살짝
올라앉는다.

파자마 파티

어스름히
모여든
알록달록
신난 얼굴들

다른 날과
다를 것 없는
시간과 장소지만

이 날을 위해
장만한 새 잠 옷 하나로
기대와 설렘이
한가득 꽃이 피고

친구들은
밤이 새도록
주머니 속에서
커다랗게 자라난
이야기들을
서로서로
꺼내 놓는다.

소통

사람들 사이
마음을 잇는 일에는
유능한 통역사가 필요하다

감정의 깊이
세대의 차이
세상을 바라보는 눈이
모두 다르기에

소통은 이내 불통이 되고
가까이 갈수록
밀어내는 자석처럼
좁혀지지 않는 간극만
반복 된다

그럼에도 누구나 바란다
마음이 닿는
그 아름답고 따뜻한
순간 하나를

현실 친구

거래는 없지만
타협도 없다

필요에 맞춰
거리를 재고

이익 앞에서는
짙은 공감대를 세우고

손절은
칼처럼 빠르다

야누스의 얼굴을 감춘 채
미소를 짓는
친구라는 이름

그것은
용불용설에
슬픈 변주일까

지금은
의미 마저
사라진
공허한 이름

선물

내 속에
가득 찬
너를 위해

고르고
또 고른
마음 하나

넘쳐흐르는
마음은
주워 담지 않는다.

넘친 마음은
그대로
소중히
포장지에 깃들어
너에게로 간다.

Part 4

멈춤과 돌아봄의 시간

무소유

나는 무소유자다
실리에 어둡고
계산에 느린 사람,
자본주의라는 공장에서 잘못 찍어낸
결함품 같은 인간
그 이름만으로
도태되어야 마땅한 존재.

더하기와 빼기,
몫과 나머지의 세계.
네 것까지 빼앗아
제 것이라 우기는 괴물들 사이에서
나는,
어찌된 일인지
아직도 살아남아 있다.

흑백 필름처럼 낡은 마음을 품고
가끔 불러내지는 증인처럼
아무도 돌아보지 않지만
나는 오늘도
무소유자로 산다.

금주

블랙아웃.
그 끊겨버린 기억을 더듬는 일은
결국 스스로의 부끄러움을
다시 꺼내 드러내는 일이다.

내가 알지 못한 채 방치해 온 내가
얼마나 내 세계를
조용히 좀먹고 있었는지
그제야 마주하게 된다.

알코올에 기대 만든
관계의 허망함을
깨닫기도 전에—

나는 두렵다.
그 어두운 공백 속에서
길을 잃고 헤매다
돌아오지 못하게 될까 봐.

그래.
오늘부터는,
금주다

악에 대한 생각

사람들의
본능적인 일탈,
그것은
악이 먼저 그려놓은 밑그림.

그 옛날
수박 한 통, 참외 하나
몰래 탐하던 잔잔한 서리가
어느새 밭과 농장을 통째로 훔쳐 가는
농작물 절도범이 되어
악의 그림 위에 수차례 덧칠한다.

나는
성선설을 믿으며
시선을 오직 선에만 맞춰
살고자 했건만,

짙어지는 성악설의
무거운 기운이
나를 짓눌러 무너뜨린다.

그게 그런 건가.
정말
악이 악을 낳는 것이
진실인가.

손맛

기막힌 손맛을 만나면
문득 떠오르는 할머니.

쩍쩍 갈라진 손으로
간장, 참기름, 고춧가루, 다진 마늘을
망설임 없이 덜어 넣고
쓱쓱 버무리다
아무렇지 않은 얼굴로
간을 한 번 보시던 분.

“아따, 징허게 게미지다잉—”
툭 던지는 그 말 한마디에도
정(情)이 툭, 묻어났다.

음식의 맛을 내던 그 손.
그 손에는 늘
식구들 챙기던
묵직한 인정이 배어 있었고,
한 숟가락 양념에도
사랑이 고스란히
버무려지곤 했다.

맛있다.
그래, 오늘은
참 좋은 사람,
너른 그 품으로
잠시 돌아가 앉고 싶다.

술 노래

자정이 넘은
작은 선술집.

남녀 한 쌍이
오래도록 앉아
조용히 술을 부어 마신다.

잔을 채울 때마다
서로를 바라보며
슬며시 웃는 그 모습—

'술은 입으로 들어오고
사랑은 눈으로 들어온다.'던,
예이츠의 오글거리던 시 한 줄을
둘이서 나누는 모양이다.

그래,
오늘 밤은
당신들의 눈동자에 건배!

기분이다.
당신들의 술 노래—
오늘만큼은 내가 허락하지.
하고 싶은 거 다 해라.

늦은 깨달음

지금껏 나는
멀리서 응원하고,
묵묵히 기도만 해왔다.

정의가 바로 서고
민주주의가 흔들리지 않기를
바라는 마음 하나로.

하지만
이제야 비로소 알게 되었다.
행동하는 것만이
진짜 양심이며 힘이라는 것을.

내 손으로 빛을 밝히고,
내 팔로 깃발을 흔들고,
내 입으로 정의를 외칠 때에야
비로소 무엇인가 전해진다는 것을.

부디
너무 늦지 않았기를.

아쉬움

간절함이라는 건
참 쉬운 먹잇감이다.

절망과 닮아 있는
그 눈빛 하나가
등쳐먹기 좋은
사기꾼들을
기하급수적으로
파생시킨다.

참 이상하다.
그 여린 손을
누군가는
단 한 번이라도
잡아줄 수는 없었을까.

버리고 싶은 것

불현듯
나를 잠식하는
내 존재의 의문.

아무리 묻고 또 물어도
선명해지는 건
존재의 무의미뿐.

나는
아무짝에도 쓸모없는,
이 도시의 잉여 인간.

거리의 비둘기처럼
인간 세상에 살지만
땅바닥에 얼굴을 붙이고
부스러기 하나에
하루를 감내하는 나.

버려진 빵 조각만큼이나
가벼운 하루를 견디며
결국 드러나는
내 존재의 무가치.

나를 갉아 먹는 이 생각들—
제발,
사라져 주었으면.

기억 찾기

기억이란
참 묘하다

빛에 닿은 기억들은
되새길수록
스스로 윤을 내며
조용히 자라나고

빛을 잃은 기억들은
손끝에 닿자마자
부서지는 얼음처럼
서늘하게 식어 간다.

그래서일까
오늘도 나는
잃어버린 나의 조각들을 찾아
내 안의 오래된 그림자들 사이를
더듬더듬 헤 집는다.

손바닥엔
차갑게 굳은 먼지가 묻고
가끔은
알 수 없는 울음의 흔적까지
되살아오지만

그럼에도
나는 멈추지 않는다.

흩어진 기억 하나가
어쩌면
나를 다시 살아나게 할
작은 불씨일지 모른다는
희미한 믿음 때문에

쉽게 쓰여 지는 시

나는 이상하게도
고민 한 점 없이
시를 너무 쉽게 쓴다.

어떤 생각이 스치기만 해도
내 시는, 마치 즉석식품처럼
3분이면 완성 된다.

이게 정상일까
나는 혹시
시를 모르는 걸까
어쩌면 시가
너무 쉽게 쓰이는 건지

하지만
아무도 모른다.
내 안의 시에 대한 갈망이
결코 쉽지만은 않다는 것을

후회

미안하다고
내가 잘못했다고
우리 다시 시작할 순 없냐며
그 애의 허리춤을 붙들고
울며불며 매달렸어야
어울릴 네가

괜찮다고
자신 있다고
큰소리만 뻥뻥 치더니
이별주 한잔에
안녕이라는 말 하나로
뒤돌아섰지

아주 가관이구나!
매일 밤
너의 일기장은
슬픈 단어들로 불어나고
너의 베개는
눈물에 젖어 무거워지고

너는
후회로만 숨을 쉰다

인생무상人生無常

오래전
난도 질 당했던
내 기억의 강가에

오늘도 다시 찾아
세월을 낚는
강태공이 되어

미끼 없는
무딘 낚시 대를
살며시 내려놓는다.

가시면 기별 주오
그리도 당부 했건만
무심하게도
평생 무소식이니

이젠 낯조차도
잊혔으리라

내 서리 앉은 난발을
간간히 보듬어주는
그윽한 난초의 향기는

별 수 없이
세월을 놓친
늙은이의 빈 망태기만
울리고 있다

거울

거울 속
세상은
소리가 없고
온기마저 없다

시작도 끝도 없는
정지된 세상
누구도
관심 갖지 않는
판토마임

존재 하지만
의미 없는
껍데기일 뿐인 나

어쩌다
가만히
들여다보면
거울 속 껍데기가
의미 없이
나를
바라본다.

휴休

긴 문장 뒤에
짧은 쉼표
목마름에
삼키는 물 한 모금

딱 그 정도의
필요 충분 조건

낮 동안 지친
밤의 수면
가뭄 뒤에
내리는 단비

꼭 그 만큼의
필수 불가결 조건

그것은
삶의
사이사이에서
말을 걸고
삶의 전반에서
숨을
쉰다

가시

손끝에 박힌
가시 하나

아린 통증은
새로운 고통이 된다

손끝이
뚫어져라
가시를 찾는
고도의 집중 속에서도

그 미세함은
끝내
눈에 띄지 않고

그렇게
한참 동안
사라지지 않는
아픈 손가락

사보타지의
은밀함 같은 건
배우지 못했나

그것은
옷깃에 스칠 때마다
순간마다
내 살에 파고들어

내 삶을
파괴하고 있음을
스스로 알리며
자수해 온다

반성문

편협한 사고로
판단하고
색안경 낀 시선으로
끝내 돌아보지 못한 것들

쌓여 있던 과제물 위에
두껍게 내려앉은
먼지처럼
가벼웠던 나를 본다.

익을수록 고개를 숙이고
빈 수레는 요란하다는
상반된 진리 앞에서
나는 끝내
정의에 닿지 못했다.

그래서
나는
모자란 나를 세워 두고
반성이라는 이름의
채찍을 든다.

Part 5

치유와 비움으로 나아가는 길

정화淨化

마음을
정화한다는 것은

나를
최후의 바닥까지
침전 시키고
오랜 시간
기다리는 일

세상의
오염된
불순물은
무겁게 가라앉고

긴 시간은
마음의 바닥에
앙금이 되어
내려앉는다

그러면

나는
가만히 기다려
맑은 마음
한 국자를
떠내며
안도 한다

방어막

내 최애곡과
최애 문학작품 ?

세월의 모진 풍파 속에서
내가 터득한 건
그 최애와
그 사람을 순수하게 분리해 내는 기술이었다.

그 일이 얼마나 어려운지,
실험실의 과학자처럼
그 기술 하나 익히기 위해
얼마나 긴 인고의 시간이 필요했던가.

어느 날,
내가 사랑하던 가수와 작가가
한순간 가십거리로 내몰리는 순간이 왔을 때,
비로소 그 기술은 제 역할을 했다.

내 가슴을 울리고
내 눈시울을 적시던
그 노래와 작품의 감동이
상처받지 않도록,
그 순수한 영혼이
세상에 농락당하지 않도록

나는
나를 지키는 작은 방어막을
그렇게 갖게 되었다.

치유

비밀이 많은
수수께끼 같은 친구.
스무고개를 넘고 또 넘어도
정작 닿지 못하는 답처럼
가끔은 답답한 친구.

사람들은 인내가 부족해
속을 알 수 없는 사람이라며
금세 이름을 붙이고
치부를 만들어 내지.

하지만,
그들은 알까.

감추고 싶은 상처는
숨기면 숨길수록
더디게 아문다는 걸.

치유에는 시간이 필요해.
수백 번의 질문보다
잠시 옆을 지켜주는 믿음이,
말없이 기다려 주는 침묵이
친구의 마음을
비로소 열어 준다는 사실을.

이정표

언제부터였는지
우리는
수많은 화살표가 가리키는 방향에
의심 없이 몸을 맡긴다.

입구, 출구,
좌로, 우로, 유턴,
엘리베이터, 화장실…
그 화살표들은
언제나 틀림없이
정확한 방향키가 된다.

우리 삶에도
이렇게 또렷한
이정표가 있다면,
그저 그 길 따라
망설임 없이
걸어갈 수 있을까.

발광곡發光曲

웃고 싶다
한바탕 자지러지게
누군가 나를 의식해
고개를 돌려도

웃고 싶다
눈물이 나올 때까지
내 웃음에 놀라
내가 먼저 흠칫해도

웃고 싶다
숨통이 끊길 때까지
웃음이 웃음을 삼켜
괴이한 소리로 변해도

멈추라 외치는
어딘가의 비명이
나를 붙잡을 때까지

그래도 좋으니
웃고 싶다

희망시

내일을 향한
그대의 발돋움엔
어리석은 오늘 따윈
필요하지 않아요.

모든 것이 미지수에 미지수,
인생의 풀리지 않는 수수께끼처럼
그렇게 불가사의한
불안의 내일일지라도

한시도 안주할 수 없고
영원히 동화될 수 없는
오늘보다는
참으로 더 희망적인 까닭에

그대는
구태여 생의 한가운데서
비통에 가까운 절규를
토해낼 까닭이 없어요.

그대에겐
변화무쌍하고 자유로운
내일이 있으니—

정의

사랑은
또 다른
전쟁이다

그러나
사랑의 최후는
전쟁보다도
더 참혹하다

인생 길

인생은
운전과도 같다

백미러와 룸미러는
삶의 혜안
주위를 살피고
나를 돌아보는 일

페달은
삶의 모토
언제나
지긋이
살며시

가속에 가속을 더하면
초고속에 닿을 수는 있으나
그 끝에서
순간
나락을 마주할 수도 있다

때로는
속도를 줄이고
멈추고
유턴하며

모든 순리를
따라가야 한다.
그래야
길은
순탄해진다.

치과에서

나는 치과 대기실에 앉아
예약 순번을 기다린다.

이시간은
늘 죽음보다
더한 공포를 준다.

나는 도살장으로
끌려 들어가는
한 마리 황소처럼
두 눈에 눈물을 가득 머금고
불안함은
내 눈동자를
점점 더 크게
부풀린다.

치료실에서 흘러나오는
이를 가는 소리
기계로 빨아들이는 소리

트레이 위로
철제 기구가

툭, 떨어지는 순간
가느다랗게 버티던
내 가슴은
끝내 주저앉는다.

마침내
누군가 가글하는 소리
구역질이 올라온다.

그리고
내 이름이 불린다.

아—
이제는
도리가 없다
더 이상 도망칠 곳이 없다

나는
눈을 질끈 감고
마침내
자리에서 일어선다.

가수면假睡眠

눈을 감으면
망망대해

끝없는 해수면 위에
나는
누워 있다

감은 눈 탓인가
별 하나
보이지 않는
밤하늘

찬 기운 속
드러난 몸이 서늘해
물속에 잠긴
몸 아래 온도를
어림해 보며

떠도는
다시마, 해초 다발을
끌어당기며

그렇게
깊은 어둠 속으로
점점
더
빠져 든다

행복한 마음

행복한 마음을
시간으로
무게로
잴 수 있을까

그것은
찰나에 머물다 사라지는
순간의 느낌

한 줌에 담기는
미미한 감정일 뿐

그러나

우리가 통과하는
절망의 터널은
끝을 알 수 없이 길고
그 무게는
몸과 마음을
바닥까지 끌어 내린다

그럼에도
오늘도 다시 일어나
하루를 시작할 수 있는 건

그 찰나의
한 줌의
행복이
이 모든 고통을
견디게 하기 때문이다

투쟁

내 눈을 가리고
내 입에 재갈을 물려도
막을 수 없다

용기로 일어선
내 사지를
단단히 결박해도
막을 수 없다

내 강한 신념을
뿌리 뽑으려
내 뇌를 적출한다 해도
막을 수 없다

뜨거운 피는
여전히 돌고
심장은
더 거세게 박동하니까

그래서
너는
끝내
나를 이길 수 없다

기도

나는 무신론자.
그동안 전도라는 이름으로
수많은 이들이 내게 속삭였지만

내 뇌는 뚫리지 않는
방탄 장비처럼 단단하다.
종교는
동굴의 우상으로 되돌아가려는
오류의 산물일 뿐.

하찮은 죽음 따위는 두렵지 않다.
내게 중요한 건
오직 정의의 영생.

무신론자는
밤새 기도한다.
부디 지켜 주기를.

새벽녘,
바스락 바스락—
정의를 훔치려 다가오는 놈의
작은 발소리에 놀라
나는 다시 깨어난다.

바디 프로필

누군가의
바디 프로필

잘 짜인 각본으로
탄생한
최고의 한 컷

인생 최대의 뼈마름
그 찰라를 붙들어
사진으로 봉인해
오래토록
간직하고
인증하려는 사람들

자기만족에
자기 과시에
흠뻑 젖은 얼굴들

사진 속
슬프게 웃는 입가

그 미소 뒤로
즐거움을 통제하며
견뎌냈을
피폐한 얼굴 하나가
잠시
스쳐간다

점자 읽기

가만가만
손가락 끝으로
열리는 시선들

손가락은
곤충의 더듬이처럼
잠자는 감각들을
깨운다.

그 많은
소리 장치들 속에서
구시대의 유물처럼
존재하는 점자책들

나는 안다

점자에는
오감을 열리게 하는
마법이 있다는 걸

파라다이스

잔인한
파라다이스

그 미지의
단어 하나로
얼마나 많은 사람들이
고통 받는가

현실의 고통을
끝내고 싶어
그 어줍잖은 약속 하나에
하루를 내 맡기는 사람들

그들이 보려고 하는
파라다이스는
환상 속에서만 숨 쉬고

그 거짓을 믿은
순수의 대가는
현실을
더 깊은 나락으로
끌어당길 뿐

매직

너의 몸에
선을 긋는
의사의 매직 쇼

그 안에서
너는
설계된 환상 속의
너를 만난다

수술대에 잠 든 너
예리한 메스로 자르고
가는 실로 봉합되는
그 순간

그것이
너를 평생 따라다닐
아킬레스건이 될거라
믿었다

하지만
그것은 한심한 오판
어리석은 기우였다

변한 것은
너의 모습이 아닌
너의 마음

이것이
진정한 매직이다

공존

마침내
세상은
프롬프트 하나로
작동 한다

인공지능의 머리
로봇의 몸
완벽 재현은
점점
사람을 닮아간다

거대한
급변의 시대 바람에
우왕좌왕
자기 자리를 잃고
도태되는 사람들

이토록
느린 걸음으로
추억을 붙들고
살고 있는
나는

과연
그들과
공존할 수 있을까

집에 가는 길

늦은 밤
집에 가는 길

주머니 속
호신용 스프레이
손에 쥔 폰 속
안심 앱 같은 것들
믿을 수 없는 부적

스쳐가는 사람들
모두가
신원미상의 얼굴들
작은 몸짓 하나에도
위험이 매달린다

문든
그 옛날
내 옆에서
꼬리를 흔들던 삽살개
그 충직한 눈이
앞서 나서던 기운이
먼저 짖어 주던

그 생의 온도가
지독하게
그립다

비움의 속내

비운다는 것은
채운다는 것의
반대말이 아니라

다른 방식으로
스며들게 하는 일

주변을
비우면 비울수록
내 안에는
말로는 옮길 수 없는 것들이
겹겹이 쌓여
수북하게 채워져 간다

그것은
놀라운 현상

설명되지 않는다는 이유로
사라지지 않는
오히려 더 선명해지는
기이한 충만

진정한 비움이란
텅 빈 얼굴로
가장 많은 것을 품으려는
조용하고
욕심 많은 속내

진가

고물이
보물이 되는 순간

그것은
사람들의 무관심 속
닿지 않는 시선 아래
그저 오랜 시간
묻혀 있었을 뿐

꾸미고 다듬어
명함을 바꾸는
속임수가 아니다

오래된
자기 이름을 되찾고
올바른
진가를 확인하는 일

세상에
고물처럼 묻힌 채
살아가는 사람들

언젠가
우연히라도
어느 눈길을 만나
보물이 되는 순간을
맞이하길

고도

그것은
끝내 오를수 없는 높이
닿지 못하는 거리

새장 속에 새
가두리 안의 물고기처럼
그저
속수무책일뿐

날아 오를 하늘도
먼 바다로 헤엄칠
자유도
빼앗긴 상실감

누구나
한번쯤
오르려 하고
닿으려 애써 본
아픈 현실의
아득한 꿈

자극

톡 쏘는
탄산 드링크
그 시원한 목넘김

뚜껑이 열리면
자극은
알알이 기포로 흩어지고
그 밍밍해진 달콤함은
개수대에 쉽게 버려진다

치명적 당도라
경고했건만
듣지 못했나

이토록
자극에
목 마른 사람들

그들을 위해
오늘도
새로 태어나는
또 다른 노림수들

다짐

너의 공수표는
그저
스쳐가는 바람
메마른 인사말

무책임에
말라버린
너의 가지를
붙잡았던
가느다란 기대는
공허한 가슴에
상처만 남긴다

이제는
그림자 잡기 같은
쓸데없는
약속 따위
불허 한다

그렇게
다짐 한다

에필로그

아직
아무것도 치유되지 않았다

우리가 오래 바라온
자유로운 마음들조차
이 시대가 흩뿌린 바이러스에 감염된 채
치유의 손길이 닿지 않는 곳에 방치되어
고통 속에서
그저 눈만 뜨고 있을 뿐이다

그 눈,
깨어 있는 눈

우리에겐
현실을 온전히 응시하고
비판할 수 있는 눈들이 필요하다

뿌린 대로 거두어야 한다는 진리가

철지난 정의가 아니라
지금 이 시대를 지탱하는
가장 오래된 약속임을
우리 안에 깊이 뿌리내릴 수 있다면
나는
더 바랄 것이 없다

내 시가
상처 입은 우리들에게 닿아
그들의 마음에
아주 작은 흔들림이 될 수 있다면

그것으로
충분히
기쁠 것이다

투명한 시

1판1쇄 2026년 2월 20일

저자 명미령
발행인 이경화

발행처 디자인21
주소 04560 서울특별시 중구 퇴계로 293-1 3층
전화 02-2269-6561(대)
팩스 02-2269-6568
이메일 21publish@naver.com
블로그 https://blog.naver.com/publish21
인스타 https://www.instagram.com/21publish.co.kr
홈페이지 https://21publish.co.kr

등록번호 제1-1128호
등록일자 1991.2.12

ISBN 978-89-6131-207-3 03810

정가 13,000원